CW01303643

LOG BOOK INFORMATION:

START DATE: _____

END DATE: _____

LOGBOOK NUMBER: _____

COLLECTOR'S INFORMATION:

NAME: _____

ADDRESS: _____

PHONE NUMBER: _____

E-MAIL: _____

CATALOG NO.:   **PURCHASE DATE:**

ALBUM:	**YEAR:**
ARTIST:	
LABEL:	
GENRE:	
COUNTRY:	**PRICE:**
GRADE:	
NOTES:	

CATALOG NO.:   **PURCHASE DATE:**

ALBUM:	**YEAR:**
ARTIST:	
LABEL:	
GENRE:	
COUNTRY:	**PRICE:**
GRADE:	
NOTES:	

CATALOG NO.:   **PURCHASE DATE:**

ALBUM:	**YEAR:**
ARTIST:	
LABEL:	
GENRE:	
COUNTRY:	**PRICE:**
GRADE:	
NOTES:	

CATALOG NO.:   **PURCHASE DATE:**

ALBUM:	**YEAR:**
ARTIST:	
LABEL:	
GENRE:	
COUNTRY:	**PRICE:**
GRADE:	
NOTES:	

CATALOG NO.:   **PURCHASE DATE:**

ALBUM:	**YEAR:**
ARTIST:	
LABEL:	
GENRE:	
COUNTRY:	**PRICE:**
GRADE:	
NOTES:	

CATALOG NO.:   **PURCHASE DATE:**

ALBUM:	**YEAR:**
ARTIST:	
LABEL:	
GENRE:	
COUNTRY:	**PRICE:**
GRADE:	
NOTES:	

CATALOG NO.:	PURCHASE DATE:
ALBUM:	YEAR:
ARTIST:	
LABEL:	
GENRE:	
COUNTRY:	PRICE:
GRADE:	
NOTES:	

CATALOG NO.:	PURCHASE DATE:
ALBUM:	YEAR:
ARTIST:	
LABEL:	
GENRE:	
COUNTRY:	PRICE:
GRADE:	
NOTES:	

CATALOG NO.:	PURCHASE DATE:
ALBUM:	YEAR:
ARTIST:	
LABEL:	
GENRE:	
COUNTRY:	PRICE:
GRADE:	
NOTES:	

CATALOG NO.:	PURCHASE DATE:
ALBUM:	YEAR:
ARTIST:	
LABEL:	
GENRE:	
COUNTRY:	PRICE:
GRADE:	
NOTES:	

CATALOG NO.:	PURCHASE DATE:
ALBUM:	YEAR:
ARTIST:	
LABEL:	
GENRE:	
COUNTRY:	PRICE:
GRADE:	
NOTES:	

CATALOG NO.:	PURCHASE DATE:
ALBUM:	YEAR:
ARTIST:	
LABEL:	
GENRE:	
COUNTRY:	PRICE:
GRADE:	
NOTES:	

CATALOG NO.:	PURCHASE DATE:
ALBUM:	YEAR:
ARTIST:	
LABEL:	
GENRE:	
COUNTRY:	PRICE:
GRADE:	
NOTES:	

CATALOG NO.:	PURCHASE DATE:
ALBUM:	YEAR:
ARTIST:	
LABEL:	
GENRE:	
COUNTRY:	PRICE:
GRADE:	
NOTES:	

CATALOG NO.:	PURCHASE DATE:
ALBUM:	YEAR:
ARTIST:	
LABEL:	
GENRE:	
COUNTRY:	PRICE:
GRADE:	
NOTES:	

CATALOG NO.:	PURCHASE DATE:
ALBUM:	YEAR:
ARTIST:	
LABEL:	
GENRE:	
COUNTRY:	PRICE:
GRADE:	
NOTES:	

CATALOG NO.:	PURCHASE DATE:
ALBUM:	YEAR:
ARTIST:	
LABEL:	
GENRE:	
COUNTRY:	PRICE:
GRADE:	
NOTES:	

CATALOG NO.:	PURCHASE DATE:
ALBUM:	YEAR:
ARTIST:	
LABEL:	
GENRE:	
COUNTRY:	PRICE:
GRADE:	
NOTES:	

CATALOG NO.: **PURCHASE DATE:**

ALBUM:	**YEAR:**
ARTIST:	
LABEL:	
GENRE:	
COUNTRY:	**PRICE:**
GRADE:	
NOTES:	

CATALOG NO.: **PURCHASE DATE:**

ALBUM:	**YEAR:**
ARTIST:	
LABEL:	
GENRE:	
COUNTRY:	**PRICE:**
GRADE:	
NOTES:	

CATALOG NO.: **PURCHASE DATE:**

ALBUM:	**YEAR:**
ARTIST:	
LABEL:	
GENRE:	
COUNTRY:	**PRICE:**
GRADE:	
NOTES:	

CATALOG NO.:	PURCHASE DATE:
ALBUM:	**YEAR:**
ARTIST:	
LABEL:	
GENRE:	
COUNTRY:	**PRICE:**
GRADE:	
NOTES:	

CATALOG NO.:	PURCHASE DATE:
ALBUM:	**YEAR:**
ARTIST:	
LABEL:	
GENRE:	
COUNTRY:	**PRICE:**
GRADE:	
NOTES:	

CATALOG NO.:	PURCHASE DATE:
ALBUM:	**YEAR:**
ARTIST:	
LABEL:	
GENRE:	
COUNTRY:	**PRICE:**
GRADE:	
NOTES:	

CATALOG NO.:	PURCHASE DATE:
ALBUM:	**YEAR:**
ARTIST:	
LABEL:	
GENRE:	
COUNTRY:	**PRICE:**
GRADE:	
NOTES:	

CATALOG NO.:	PURCHASE DATE:
ALBUM:	**YEAR:**
ARTIST:	
LABEL:	
GENRE:	
COUNTRY:	**PRICE:**
GRADE:	
NOTES:	

CATALOG NO.:	PURCHASE DATE:
ALBUM:	**YEAR:**
ARTIST:	
LABEL:	
GENRE:	
COUNTRY:	**PRICE:**
GRADE:	
NOTES:	

CATALOG NO.:	PURCHASE DATE:
ALBUM:	YEAR:
ARTIST:	
LABEL:	
GENRE:	
COUNTRY:	PRICE:
GRADE:	
NOTES:	

CATALOG NO.:	PURCHASE DATE:
ALBUM:	YEAR:
ARTIST:	
LABEL:	
GENRE:	
COUNTRY:	PRICE:
GRADE:	
NOTES:	

CATALOG NO.:	PURCHASE DATE:
ALBUM:	YEAR:
ARTIST:	
LABEL:	
GENRE:	
COUNTRY:	PRICE:
GRADE:	
NOTES:	

CATALOG NO.: **PURCHASE DATE:**

ALBUM:	YEAR:
ARTIST:	
LABEL:	
GENRE:	
COUNTRY:	PRICE:
GRADE:	
NOTES:	

CATALOG NO.: **PURCHASE DATE:**

ALBUM:	YEAR:
ARTIST:	
LABEL:	
GENRE:	
COUNTRY:	PRICE:
GRADE:	
NOTES:	

CATALOG NO.: **PURCHASE DATE:**

ALBUM:	YEAR:
ARTIST:	
LABEL:	
GENRE:	
COUNTRY:	PRICE:
GRADE:	
NOTES:	

CATALOG NO.:	PURCHASE DATE:
ALBUM:	**YEAR:**
ARTIST:	
LABEL:	
GENRE:	
COUNTRY:	**PRICE:**
GRADE:	
NOTES:	

CATALOG NO.:	PURCHASE DATE:
ALBUM:	**YEAR:**
ARTIST:	
LABEL:	
GENRE:	
COUNTRY:	**PRICE:**
GRADE:	
NOTES:	

CATALOG NO.:	PURCHASE DATE:
ALBUM:	**YEAR:**
ARTIST:	
LABEL:	
GENRE:	
COUNTRY:	**PRICE:**
GRADE:	
NOTES:	

CATALOG NO.:	PURCHASE DATE:
ALBUM:	YEAR:
ARTIST:	
LABEL:	
GENRE:	
COUNTRY:	PRICE:
GRADE:	
NOTES:	

CATALOG NO.:	PURCHASE DATE:
ALBUM:	YEAR:
ARTIST:	
LABEL:	
GENRE:	
COUNTRY:	PRICE:
GRADE:	
NOTES:	

CATALOG NO.:	PURCHASE DATE:
ALBUM:	YEAR:
ARTIST:	
LABEL:	
GENRE:	
COUNTRY:	PRICE:
GRADE:	
NOTES:	

CATALOG NO.:	PURCHASE DATE:
ALBUM:	YEAR:
ARTIST:	
LABEL:	
GENRE:	
COUNTRY:	PRICE:
GRADE:	
NOTES:	

CATALOG NO.:	PURCHASE DATE:
ALBUM:	YEAR:
ARTIST:	
LABEL:	
GENRE:	
COUNTRY:	PRICE:
GRADE:	
NOTES:	

CATALOG NO.:	PURCHASE DATE:
ALBUM:	YEAR:
ARTIST:	
LABEL:	
GENRE:	
COUNTRY:	PRICE:
GRADE:	
NOTES:	

CATALOG NO.:	PURCHASE DATE:
ALBUM:	YEAR:
ARTIST:	
LABEL:	
GENRE:	
COUNTRY:	PRICE:
GRADE:	
NOTES:	

CATALOG NO.:	PURCHASE DATE:
ALBUM:	YEAR:
ARTIST:	
LABEL:	
GENRE:	
COUNTRY:	PRICE:
GRADE:	
NOTES:	

CATALOG NO.:	PURCHASE DATE:
ALBUM:	YEAR:
ARTIST:	
LABEL:	
GENRE:	
COUNTRY:	PRICE:
GRADE:	
NOTES:	

CATALOG NO.: **PURCHASE DATE:**

ALBUM:	YEAR:
ARTIST:	
LABEL:	
GENRE:	
COUNTRY:	PRICE:
GRADE:	
NOTES:	

CATALOG NO.: **PURCHASE DATE:**

ALBUM:	YEAR:
ARTIST:	
LABEL:	
GENRE:	
COUNTRY:	PRICE:
GRADE:	
NOTES:	

CATALOG NO.: **PURCHASE DATE:**

ALBUM:	YEAR:
ARTIST:	
LABEL:	
GENRE:	
COUNTRY:	PRICE:
GRADE:	
NOTES:	

CATALOG NO.:	PURCHASE DATE:
ALBUM:	**YEAR:**
ARTIST:	
LABEL:	
GENRE:	
COUNTRY:	**PRICE:**
GRADE:	
NOTES:	

CATALOG NO.:	PURCHASE DATE:
ALBUM:	**YEAR:**
ARTIST:	
LABEL:	
GENRE:	
COUNTRY:	**PRICE:**
GRADE:	
NOTES:	

CATALOG NO.:	PURCHASE DATE:
ALBUM:	**YEAR:**
ARTIST:	
LABEL:	
GENRE:	
COUNTRY:	**PRICE:**
GRADE:	
NOTES:	

CATALOG NO.:   **PURCHASE DATE:**

ALBUM:	YEAR:
ARTIST:	
LABEL:	
GENRE:	
COUNTRY:	PRICE:
GRADE:	
NOTES:	

CATALOG NO.:   **PURCHASE DATE:**

ALBUM:	YEAR:
ARTIST:	
LABEL:	
GENRE:	
COUNTRY:	PRICE:
GRADE:	
NOTES:	

CATALOG NO.:   **PURCHASE DATE:**

ALBUM:	YEAR:
ARTIST:	
LABEL:	
GENRE:	
COUNTRY:	PRICE:
GRADE:	
NOTES:	

CATALOG NO.:	PURCHASE DATE:
ALBUM:	YEAR:
ARTIST:	
LABEL:	
GENRE:	
COUNTRY:	PRICE:
GRADE:	
NOTES:	

CATALOG NO.:	PURCHASE DATE:
ALBUM:	YEAR:
ARTIST:	
LABEL:	
GENRE:	
COUNTRY:	PRICE:
GRADE:	
NOTES:	

CATALOG NO.:	PURCHASE DATE:
ALBUM:	YEAR:
ARTIST:	
LABEL:	
GENRE:	
COUNTRY:	PRICE:
GRADE:	
NOTES:	

CATALOG NO.:   **PURCHASE DATE:**

ALBUM:	YEAR:
ARTIST:	
LABEL:	
GENRE:	
COUNTRY:	PRICE:
GRADE:	
NOTES:	

CATALOG NO.:   **PURCHASE DATE:**

ALBUM:	YEAR:
ARTIST:	
LABEL:	
GENRE:	
COUNTRY:	PRICE:
GRADE:	
NOTES:	

CATALOG NO.:   **PURCHASE DATE:**

ALBUM:	YEAR:
ARTIST:	
LABEL:	
GENRE:	
COUNTRY:	PRICE:
GRADE:	
NOTES:	

CATALOG NO.:	PURCHASE DATE:
ALBUM:	YEAR:
ARTIST:	
LABEL:	
GENRE:	
COUNTRY:	PRICE:
GRADE:	
NOTES:	

CATALOG NO.:	PURCHASE DATE:
ALBUM:	YEAR:
ARTIST:	
LABEL:	
GENRE:	
COUNTRY:	PRICE:
GRADE:	
NOTES:	

CATALOG NO.:	PURCHASE DATE:
ALBUM:	YEAR:
ARTIST:	
LABEL:	
GENRE:	
COUNTRY:	PRICE:
GRADE:	
NOTES:	

CATALOG NO.:   **PURCHASE DATE:**

ALBUM:	YEAR:
ARTIST:	
LABEL:	
GENRE:	
COUNTRY:	PRICE:
GRADE:	
NOTES:	

CATALOG NO.:   **PURCHASE DATE:**

ALBUM:	YEAR:
ARTIST:	
LABEL:	
GENRE:	
COUNTRY:	PRICE:
GRADE:	
NOTES:	

CATALOG NO.:   **PURCHASE DATE:**

ALBUM:	YEAR:
ARTIST:	
LABEL:	
GENRE:	
COUNTRY:	PRICE:
GRADE:	
NOTES:	

CATALOG NO.:	PURCHASE DATE:
ALBUM:	YEAR:
ARTIST:	
LABEL:	
GENRE:	
COUNTRY:	PRICE:
GRADE:	
NOTES:	

CATALOG NO.:	PURCHASE DATE:
ALBUM:	YEAR:
ARTIST:	
LABEL:	
GENRE:	
COUNTRY:	PRICE:
GRADE:	
NOTES:	

CATALOG NO.:	PURCHASE DATE:
ALBUM:	YEAR:
ARTIST:	
LABEL:	
GENRE:	
COUNTRY:	PRICE:
GRADE:	
NOTES:	

CATALOG NO.:	PURCHASE DATE:
ALBUM:	**YEAR:**
ARTIST:	
LABEL:	
GENRE:	
COUNTRY:	**PRICE:**
GRADE:	
NOTES:	

CATALOG NO.:	PURCHASE DATE:
ALBUM:	**YEAR:**
ARTIST:	
LABEL:	
GENRE:	
COUNTRY:	**PRICE:**
GRADE:	
NOTES:	

CATALOG NO.:	PURCHASE DATE:
ALBUM:	**YEAR:**
ARTIST:	
LABEL:	
GENRE:	
COUNTRY:	**PRICE:**
GRADE:	
NOTES:	

CATALOG NO.:	PURCHASE DATE:
ALBUM:	YEAR:
ARTIST:	
LABEL:	
GENRE:	
COUNTRY:	PRICE:
GRADE:	
NOTES:	

CATALOG NO.:	PURCHASE DATE:
ALBUM:	YEAR:
ARTIST:	
LABEL:	
GENRE:	
COUNTRY:	PRICE:
GRADE:	
NOTES:	

CATALOG NO.:	PURCHASE DATE:
ALBUM:	YEAR:
ARTIST:	
LABEL:	
GENRE:	
COUNTRY:	PRICE:
GRADE:	
NOTES:	

CATALOG NO.:	PURCHASE DATE:
ALBUM:	**YEAR:**
ARTIST:	
LABEL:	
GENRE:	
COUNTRY:	**PRICE:**
GRADE:	
NOTES:	

CATALOG NO.:	PURCHASE DATE:
ALBUM:	**YEAR:**
ARTIST:	
LABEL:	
GENRE:	
COUNTRY:	**PRICE:**
GRADE:	
NOTES:	

CATALOG NO.:	PURCHASE DATE:
ALBUM:	**YEAR:**
ARTIST:	
LABEL:	
GENRE:	
COUNTRY:	**PRICE:**
GRADE:	
NOTES:	

CATALOG NO.:	PURCHASE DATE:
ALBUM:	**YEAR:**
ARTIST:	
LABEL:	
GENRE:	
COUNTRY:	**PRICE:**
GRADE:	
NOTES:	

CATALOG NO.:	PURCHASE DATE:
ALBUM:	**YEAR:**
ARTIST:	
LABEL:	
GENRE:	
COUNTRY:	**PRICE:**
GRADE:	
NOTES:	

CATALOG NO.:	PURCHASE DATE:
ALBUM:	**YEAR:**
ARTIST:	
LABEL:	
GENRE:	
COUNTRY:	**PRICE:**
GRADE:	
NOTES:	

CATALOG NO.:	PURCHASE DATE:
ALBUM:	YEAR:
ARTIST:	
LABEL:	
GENRE:	
COUNTRY:	PRICE:
GRADE:	
NOTES:	

CATALOG NO.:	PURCHASE DATE:
ALBUM:	YEAR:
ARTIST:	
LABEL:	
GENRE:	
COUNTRY:	PRICE:
GRADE:	
NOTES:	

CATALOG NO.:	PURCHASE DATE:
ALBUM:	YEAR:
ARTIST:	
LABEL:	
GENRE:	
COUNTRY:	PRICE:
GRADE:	
NOTES:	

CATALOG NO.: **PURCHASE DATE:**

ALBUM:	YEAR:
ARTIST:	
LABEL:	
GENRE:	
COUNTRY:	PRICE:
GRADE:	
NOTES:	

CATALOG NO.: **PURCHASE DATE:**

ALBUM:	YEAR:
ARTIST:	
LABEL:	
GENRE:	
COUNTRY:	PRICE:
GRADE:	
NOTES:	

CATALOG NO.: **PURCHASE DATE:**

ALBUM:	YEAR:
ARTIST:	
LABEL:	
GENRE:	
COUNTRY:	PRICE:
GRADE:	
NOTES:	

CATALOG NO.:		PURCHASE DATE:	
ALBUM:		YEAR:	
ARTIST:			
LABEL:			
GENRE:			
COUNTRY:		PRICE:	
GRADE:			
NOTES:			

CATALOG NO.:		PURCHASE DATE:	
ALBUM:		YEAR:	
ARTIST:			
LABEL:			
GENRE:			
COUNTRY:		PRICE:	
GRADE:			
NOTES:			

CATALOG NO.:		PURCHASE DATE:	
ALBUM:		YEAR:	
ARTIST:			
LABEL:			
GENRE:			
COUNTRY:		PRICE:	
GRADE:			
NOTES:			

CATALOG NO.:	PURCHASE DATE:
ALBUM:	YEAR:
ARTIST:	
LABEL:	
GENRE:	
COUNTRY:	PRICE:
GRADE:	
NOTES:	

CATALOG NO.:	PURCHASE DATE:
ALBUM:	YEAR:
ARTIST:	
LABEL:	
GENRE:	
COUNTRY:	PRICE:
GRADE:	
NOTES:	

CATALOG NO.:	PURCHASE DATE:
ALBUM:	YEAR:
ARTIST:	
LABEL:	
GENRE:	
COUNTRY:	PRICE:
GRADE:	
NOTES:	

CATALOG NO.:	PURCHASE DATE:
ALBUM:	**YEAR:**
ARTIST:	
LABEL:	
GENRE:	
COUNTRY:	**PRICE:**
GRADE:	
NOTES:	

CATALOG NO.:	PURCHASE DATE:
ALBUM:	**YEAR:**
ARTIST:	
LABEL:	
GENRE:	
COUNTRY:	**PRICE:**
GRADE:	
NOTES:	

CATALOG NO.:	PURCHASE DATE:
ALBUM:	**YEAR:**
ARTIST:	
LABEL:	
GENRE:	
COUNTRY:	**PRICE:**
GRADE:	
NOTES:	

CATALOG NO.:	PURCHASE DATE:
ALBUM:	**YEAR:**
ARTIST:	
LABEL:	
GENRE:	
COUNTRY:	**PRICE:**
GRADE:	
NOTES:	

CATALOG NO.:	PURCHASE DATE:
ALBUM:	**YEAR:**
ARTIST:	
LABEL:	
GENRE:	
COUNTRY:	**PRICE:**
GRADE:	
NOTES:	

CATALOG NO.:	PURCHASE DATE:
ALBUM:	**YEAR:**
ARTIST:	
LABEL:	
GENRE:	
COUNTRY:	**PRICE:**
GRADE:	
NOTES:	

CATALOG NO.:	PURCHASE DATE:
ALBUM:	YEAR:
ARTIST:	
LABEL:	
GENRE:	
COUNTRY:	PRICE:
GRADE:	
NOTES:	

CATALOG NO.:	PURCHASE DATE:
ALBUM:	YEAR:
ARTIST:	
LABEL:	
GENRE:	
COUNTRY:	PRICE:
GRADE:	
NOTES:	

CATALOG NO.:	PURCHASE DATE:
ALBUM:	YEAR:
ARTIST:	
LABEL:	
GENRE:	
COUNTRY:	PRICE:
GRADE:	
NOTES:	

CATALOG NO.:   **PURCHASE DATE:**

ALBUM:	**YEAR:**
ARTIST:	
LABEL:	
GENRE:	
COUNTRY:	**PRICE:**
GRADE:	
NOTES:	

CATALOG NO.:   **PURCHASE DATE:**

ALBUM:	**YEAR:**
ARTIST:	
LABEL:	
GENRE:	
COUNTRY:	**PRICE:**
GRADE:	
NOTES:	

CATALOG NO.:   **PURCHASE DATE:**

ALBUM:	**YEAR:**
ARTIST:	
LABEL:	
GENRE:	
COUNTRY:	**PRICE:**
GRADE:	
NOTES:	

CATALOG NO.:	PURCHASE DATE:
ALBUM:	YEAR:
ARTIST:	
LABEL:	
GENRE:	
COUNTRY:	PRICE:
GRADE:	
NOTES:	

CATALOG NO.:	PURCHASE DATE:
ALBUM:	YEAR:
ARTIST:	
LABEL:	
GENRE:	
COUNTRY:	PRICE:
GRADE:	
NOTES:	

CATALOG NO.:	PURCHASE DATE:
ALBUM:	YEAR:
ARTIST:	
LABEL:	
GENRE:	
COUNTRY:	PRICE:
GRADE:	
NOTES:	

CATALOG NO.:	PURCHASE DATE:
ALBUM:	**YEAR:**
ARTIST:	
LABEL:	
GENRE:	
COUNTRY:	**PRICE:**
GRADE:	
NOTES:	

CATALOG NO.:	PURCHASE DATE:
ALBUM:	**YEAR:**
ARTIST:	
LABEL:	
GENRE:	
COUNTRY:	**PRICE:**
GRADE:	
NOTES:	

CATALOG NO.:	PURCHASE DATE:
ALBUM:	**YEAR:**
ARTIST:	
LABEL:	
GENRE:	
COUNTRY:	**PRICE:**
GRADE:	
NOTES:	

CATALOG NO.:	PURCHASE DATE:
ALBUM:	**YEAR:**
ARTIST:	
LABEL:	
GENRE:	
COUNTRY:	**PRICE:**
GRADE:	
NOTES:	

CATALOG NO.:	PURCHASE DATE:
ALBUM:	**YEAR:**
ARTIST:	
LABEL:	
GENRE:	
COUNTRY:	**PRICE:**
GRADE:	
NOTES:	

CATALOG NO.:	PURCHASE DATE:
ALBUM:	**YEAR:**
ARTIST:	
LABEL:	
GENRE:	
COUNTRY:	**PRICE:**
GRADE:	
NOTES:	

CATALOG NO.:	PURCHASE DATE:
ALBUM:	**YEAR:**
ARTIST:	
LABEL:	
GENRE:	
COUNTRY:	**PRICE:**
GRADE:	
NOTES:	

CATALOG NO.:	PURCHASE DATE:
ALBUM:	**YEAR:**
ARTIST:	
LABEL:	
GENRE:	
COUNTRY:	**PRICE:**
GRADE:	
NOTES:	

CATALOG NO.:	PURCHASE DATE:
ALBUM:	**YEAR:**
ARTIST:	
LABEL:	
GENRE:	
COUNTRY:	**PRICE:**
GRADE:	
NOTES:	

CATALOG NO.:	PURCHASE DATE:
ALBUM:	YEAR:
ARTIST:	
LABEL:	
GENRE:	
COUNTRY:	PRICE:
GRADE:	
NOTES:	

CATALOG NO.:	PURCHASE DATE:
ALBUM:	YEAR:
ARTIST:	
LABEL:	
GENRE:	
COUNTRY:	PRICE:
GRADE:	
NOTES:	

CATALOG NO.:	PURCHASE DATE:
ALBUM:	YEAR:
ARTIST:	
LABEL:	
GENRE:	
COUNTRY:	PRICE:
GRADE:	
NOTES:	

CATALOG NO.:	PURCHASE DATE:
ALBUM:	YEAR:
ARTIST:	
LABEL:	
GENRE:	
COUNTRY:	PRICE:
GRADE:	
NOTES:	

CATALOG NO.:	PURCHASE DATE:
ALBUM:	YEAR:
ARTIST:	
LABEL:	
GENRE:	
COUNTRY:	PRICE:
GRADE:	
NOTES:	

CATALOG NO.:	PURCHASE DATE:
ALBUM:	YEAR:
ARTIST:	
LABEL:	
GENRE:	
COUNTRY:	PRICE:
GRADE:	
NOTES:	

CATALOG NO.:	PURCHASE DATE:
ALBUM:	**YEAR:**
ARTIST:	
LABEL:	
GENRE:	
COUNTRY:	**PRICE:**
GRADE:	
NOTES:	

CATALOG NO.:	PURCHASE DATE:
ALBUM:	**YEAR:**
ARTIST:	
LABEL:	
GENRE:	
COUNTRY:	**PRICE:**
GRADE:	
NOTES:	

CATALOG NO.:	PURCHASE DATE:
ALBUM:	**YEAR:**
ARTIST:	
LABEL:	
GENRE:	
COUNTRY:	**PRICE:**
GRADE:	
NOTES:	

CATALOG NO.:		PURCHASE DATE:	
ALBUM:			YEAR:
ARTIST:			
LABEL:			
GENRE:			
COUNTRY:			PRICE:
GRADE:			
NOTES:			

CATALOG NO.:		PURCHASE DATE:	
ALBUM:			YEAR:
ARTIST:			
LABEL:			
GENRE:			
COUNTRY:			PRICE:
GRADE:			
NOTES:			

CATALOG NO.:		PURCHASE DATE:	
ALBUM:			YEAR:
ARTIST:			
LABEL:			
GENRE:			
COUNTRY:			PRICE:
GRADE:			
NOTES:			

CATALOG NO.:   **PURCHASE DATE:**

ALBUM:	**YEAR:**
ARTIST:	
LABEL:	
GENRE:	
COUNTRY:	**PRICE:**
GRADE:	
NOTES:	

CATALOG NO.:   **PURCHASE DATE:**

ALBUM:	**YEAR:**
ARTIST:	
LABEL:	
GENRE:	
COUNTRY:	**PRICE:**
GRADE:	
NOTES:	

CATALOG NO.:   **PURCHASE DATE:**

ALBUM:	**YEAR:**
ARTIST:	
LABEL:	
GENRE:	
COUNTRY:	**PRICE:**
GRADE:	
NOTES:	

CATALOG NO.:   **PURCHASE DATE:**

ALBUM:	YEAR:
ARTIST:	
LABEL:	
GENRE:	
COUNTRY:	PRICE:
GRADE:	
NOTES:	

CATALOG NO.:   **PURCHASE DATE:**

ALBUM:	YEAR:
ARTIST:	
LABEL:	
GENRE:	
COUNTRY:	PRICE:
GRADE:	
NOTES:	

CATALOG NO.:   **PURCHASE DATE:**

ALBUM:	YEAR:
ARTIST:	
LABEL:	
GENRE:	
COUNTRY:	PRICE:
GRADE:	
NOTES:	

CATALOG NO.:	PURCHASE DATE:
ALBUM:	YEAR:
ARTIST:	
LABEL:	
GENRE:	
COUNTRY:	PRICE:
GRADE:	
NOTES:	

CATALOG NO.:	PURCHASE DATE:
ALBUM:	YEAR:
ARTIST:	
LABEL:	
GENRE:	
COUNTRY:	PRICE:
GRADE:	
NOTES:	

CATALOG NO.:	PURCHASE DATE:
ALBUM:	YEAR:
ARTIST:	
LABEL:	
GENRE:	
COUNTRY:	PRICE:
GRADE:	
NOTES:	

CATALOG NO.:	PURCHASE DATE:
ALBUM:	YEAR:
ARTIST:	
LABEL:	
GENRE:	
COUNTRY:	PRICE:
GRADE:	
NOTES:	

CATALOG NO.:	PURCHASE DATE:
ALBUM:	YEAR:
ARTIST:	
LABEL:	
GENRE:	
COUNTRY:	PRICE:
GRADE:	
NOTES:	

CATALOG NO.:	PURCHASE DATE:
ALBUM:	YEAR:
ARTIST:	
LABEL:	
GENRE:	
COUNTRY:	PRICE:
GRADE:	
NOTES:	

CATALOG NO.:	PURCHASE DATE:
ALBUM:	**YEAR:**
ARTIST:	
LABEL:	
GENRE:	
COUNTRY:	**PRICE:**
GRADE:	
NOTES:	

CATALOG NO.:	PURCHASE DATE:
ALBUM:	**YEAR:**
ARTIST:	
LABEL:	
GENRE:	
COUNTRY:	**PRICE:**
GRADE:	
NOTES:	

CATALOG NO.:	PURCHASE DATE:
ALBUM:	**YEAR:**
ARTIST:	
LABEL:	
GENRE:	
COUNTRY:	**PRICE:**
GRADE:	
NOTES:	

CATALOG NO.:	PURCHASE DATE:
ALBUM:	**YEAR:**
ARTIST:	
LABEL:	
GENRE:	
COUNTRY:	**PRICE:**
GRADE:	
NOTES:	

CATALOG NO.:	PURCHASE DATE:
ALBUM:	**YEAR:**
ARTIST:	
LABEL:	
GENRE:	
COUNTRY:	**PRICE:**
GRADE:	
NOTES:	

CATALOG NO.:	PURCHASE DATE:
ALBUM:	**YEAR:**
ARTIST:	
LABEL:	
GENRE:	
COUNTRY:	**PRICE:**
GRADE:	
NOTES:	

CATALOG NO.:	PURCHASE DATE:
ALBUM:	YEAR:
ARTIST:	
LABEL:	
GENRE:	
COUNTRY:	PRICE:
GRADE:	
NOTES:	

CATALOG NO.:	PURCHASE DATE:
ALBUM:	YEAR:
ARTIST:	
LABEL:	
GENRE:	
COUNTRY:	PRICE:
GRADE:	
NOTES:	

CATALOG NO.:	PURCHASE DATE:
ALBUM:	YEAR:
ARTIST:	
LABEL:	
GENRE:	
COUNTRY:	PRICE:
GRADE:	
NOTES:	

CATALOG NO.:   **PURCHASE DATE:**

ALBUM:	**YEAR:**
ARTIST:	
LABEL:	
GENRE:	
COUNTRY:	**PRICE:**
GRADE:	
NOTES:	

CATALOG NO.:   **PURCHASE DATE:**

ALBUM:	**YEAR:**
ARTIST:	
LABEL:	
GENRE:	
COUNTRY:	**PRICE:**
GRADE:	
NOTES:	

CATALOG NO.:   **PURCHASE DATE:**

ALBUM:	**YEAR:**
ARTIST:	
LABEL:	
GENRE:	
COUNTRY:	**PRICE:**
GRADE:	
NOTES:	

CATALOG NO.:	PURCHASE DATE:
ALBUM:	YEAR:
ARTIST:	
LABEL:	
GENRE:	
COUNTRY:	PRICE:
GRADE:	
NOTES:	

CATALOG NO.:	PURCHASE DATE:
ALBUM:	YEAR:
ARTIST:	
LABEL:	
GENRE:	
COUNTRY:	PRICE:
GRADE:	
NOTES:	

CATALOG NO.:	PURCHASE DATE:
ALBUM:	YEAR:
ARTIST:	
LABEL:	
GENRE:	
COUNTRY:	PRICE:
GRADE:	
NOTES:	

CATALOG NO.:	PURCHASE DATE:
ALBUM:	YEAR:
ARTIST:	
LABEL:	
GENRE:	
COUNTRY:	PRICE:
GRADE:	
NOTES:	

CATALOG NO.:	PURCHASE DATE:
ALBUM:	YEAR:
ARTIST:	
LABEL:	
GENRE:	
COUNTRY:	PRICE:
GRADE:	
NOTES:	

CATALOG NO.:	PURCHASE DATE:
ALBUM:	YEAR:
ARTIST:	
LABEL:	
GENRE:	
COUNTRY:	PRICE:
GRADE:	
NOTES:	

CATALOG NO.:	PURCHASE DATE:
ALBUM:	YEAR:
ARTIST:	
LABEL:	
GENRE:	
COUNTRY:	PRICE:
GRADE:	
NOTES:	

CATALOG NO.:	PURCHASE DATE:
ALBUM:	YEAR:
ARTIST:	
LABEL:	
GENRE:	
COUNTRY:	PRICE:
GRADE:	
NOTES:	

CATALOG NO.:	PURCHASE DATE:
ALBUM:	YEAR:
ARTIST:	
LABEL:	
GENRE:	
COUNTRY:	PRICE:
GRADE:	
NOTES:	

CATALOG NO.:	PURCHASE DATE:
ALBUM:	YEAR:
ARTIST:	
LABEL:	
GENRE:	
COUNTRY:	PRICE:
GRADE:	
NOTES:	

CATALOG NO.:	PURCHASE DATE:
ALBUM:	YEAR:
ARTIST:	
LABEL:	
GENRE:	
COUNTRY:	PRICE:
GRADE:	
NOTES:	

CATALOG NO.:	PURCHASE DATE:
ALBUM:	YEAR:
ARTIST:	
LABEL:	
GENRE:	
COUNTRY:	PRICE:
GRADE:	
NOTES:	

CATALOG NO.:	PURCHASE DATE:
ALBUM:	**YEAR:**
ARTIST:	
LABEL:	
GENRE:	
COUNTRY:	**PRICE:**
GRADE:	
NOTES:	

CATALOG NO.:	PURCHASE DATE:
ALBUM:	**YEAR:**
ARTIST:	
LABEL:	
GENRE:	
COUNTRY:	**PRICE:**
GRADE:	
NOTES:	

CATALOG NO.:	PURCHASE DATE:
ALBUM:	**YEAR:**
ARTIST:	
LABEL:	
GENRE:	
COUNTRY:	**PRICE:**
GRADE:	
NOTES:	

CATALOG NO.:	PURCHASE DATE:
ALBUM:	**YEAR:**
ARTIST:	
LABEL:	
GENRE:	
COUNTRY:	**PRICE:**
GRADE:	
NOTES:	

CATALOG NO.:	PURCHASE DATE:
ALBUM:	**YEAR:**
ARTIST:	
LABEL:	
GENRE:	
COUNTRY:	**PRICE:**
GRADE:	
NOTES:	

CATALOG NO.:	PURCHASE DATE:
ALBUM:	**YEAR:**
ARTIST:	
LABEL:	
GENRE:	
COUNTRY:	**PRICE:**
GRADE:	
NOTES:	

CATALOG NO.:	PURCHASE DATE:
ALBUM:	**YEAR:**
ARTIST:	
LABEL:	
GENRE:	
COUNTRY:	**PRICE:**
GRADE:	
NOTES:	

CATALOG NO.:	PURCHASE DATE:
ALBUM:	**YEAR:**
ARTIST:	
LABEL:	
GENRE:	
COUNTRY:	**PRICE:**
GRADE:	
NOTES:	

CATALOG NO.:	PURCHASE DATE:
ALBUM:	**YEAR:**
ARTIST:	
LABEL:	
GENRE:	
COUNTRY:	**PRICE:**
GRADE:	
NOTES:	

CATALOG NO.:	PURCHASE DATE:
ALBUM:	**YEAR:**
ARTIST:	
LABEL:	
GENRE:	
COUNTRY:	**PRICE:**
GRADE:	
NOTES:	

CATALOG NO.:	PURCHASE DATE:
ALBUM:	**YEAR:**
ARTIST:	
LABEL:	
GENRE:	
COUNTRY:	**PRICE:**
GRADE:	
NOTES:	

CATALOG NO.:	PURCHASE DATE:
ALBUM:	**YEAR:**
ARTIST:	
LABEL:	
GENRE:	
COUNTRY:	**PRICE:**
GRADE:	
NOTES:	

CATALOG NO.:   **PURCHASE DATE:**

ALBUM:	**YEAR:**
ARTIST:	
LABEL:	
GENRE:	
COUNTRY:	**PRICE:**
GRADE:	
NOTES:	

CATALOG NO.:   **PURCHASE DATE:**

ALBUM:	**YEAR:**
ARTIST:	
LABEL:	
GENRE:	
COUNTRY:	**PRICE:**
GRADE:	
NOTES:	

CATALOG NO.:   **PURCHASE DATE:**

ALBUM:	**YEAR:**
ARTIST:	
LABEL:	
GENRE:	
COUNTRY:	**PRICE:**
GRADE:	
NOTES:	

CATALOG NO.:   **PURCHASE DATE:**

ALBUM:	**YEAR:**
ARTIST:	
LABEL:	
GENRE:	
COUNTRY:	**PRICE:**
GRADE:	
NOTES:	

CATALOG NO.:   **PURCHASE DATE:**

ALBUM:	**YEAR:**
ARTIST:	
LABEL:	
GENRE:	
COUNTRY:	**PRICE:**
GRADE:	
NOTES:	

CATALOG NO.:   **PURCHASE DATE:**

ALBUM:	**YEAR:**
ARTIST:	
LABEL:	
GENRE:	
COUNTRY:	**PRICE:**
GRADE:	
NOTES:	

CATALOG NO.:	PURCHASE DATE:
ALBUM:	**YEAR:**
ARTIST:	
LABEL:	
GENRE:	
COUNTRY:	**PRICE:**
GRADE:	
NOTES:	

CATALOG NO.:	PURCHASE DATE:
ALBUM:	**YEAR:**
ARTIST:	
LABEL:	
GENRE:	
COUNTRY:	**PRICE:**
GRADE:	
NOTES:	

CATALOG NO.:	PURCHASE DATE:
ALBUM:	**YEAR:**
ARTIST:	
LABEL:	
GENRE:	
COUNTRY:	**PRICE:**
GRADE:	
NOTES:	

CATALOG NO.:	PURCHASE DATE:
ALBUM:	YEAR:
ARTIST:	
LABEL:	
GENRE:	
COUNTRY:	PRICE:
GRADE:	
NOTES:	

CATALOG NO.:	PURCHASE DATE:
ALBUM:	YEAR:
ARTIST:	
LABEL:	
GENRE:	
COUNTRY:	PRICE:
GRADE:	
NOTES:	

CATALOG NO.:	PURCHASE DATE:
ALBUM:	YEAR:
ARTIST:	
LABEL:	
GENRE:	
COUNTRY:	PRICE:
GRADE:	
NOTES:	

CATALOG NO.:	PURCHASE DATE:
ALBUM:	YEAR:
ARTIST:	
LABEL:	
GENRE:	
COUNTRY:	PRICE:
GRADE:	
NOTES:	

CATALOG NO.:	PURCHASE DATE:
ALBUM:	YEAR:
ARTIST:	
LABEL:	
GENRE:	
COUNTRY:	PRICE:
GRADE:	
NOTES:	

CATALOG NO.:	PURCHASE DATE:
ALBUM:	YEAR:
ARTIST:	
LABEL:	
GENRE:	
COUNTRY:	PRICE:
GRADE:	
NOTES:	

CATALOG NO.:   **PURCHASE DATE:**

ALBUM:	**YEAR:**
ARTIST:	
LABEL:	
GENRE:	
COUNTRY:	**PRICE:**
GRADE:	
NOTES:	

CATALOG NO.:   **PURCHASE DATE:**

ALBUM:	**YEAR:**
ARTIST:	
LABEL:	
GENRE:	
COUNTRY:	**PRICE:**
GRADE:	
NOTES:	

CATALOG NO.:   **PURCHASE DATE:**

ALBUM:	**YEAR:**
ARTIST:	
LABEL:	
GENRE:	
COUNTRY:	**PRICE:**
GRADE:	
NOTES:	

CATALOG NO.:	PURCHASE DATE:
ALBUM:	YEAR:
ARTIST:	
LABEL:	
GENRE:	
COUNTRY:	PRICE:
GRADE:	
NOTES:	

CATALOG NO.:	PURCHASE DATE:
ALBUM:	YEAR:
ARTIST:	
LABEL:	
GENRE:	
COUNTRY:	PRICE:
GRADE:	
NOTES:	

CATALOG NO.:	PURCHASE DATE:
ALBUM:	YEAR:
ARTIST:	
LABEL:	
GENRE:	
COUNTRY:	PRICE:
GRADE:	
NOTES:	

CATALOG NO.:	PURCHASE DATE:
ALBUM:	YEAR:
ARTIST:	
LABEL:	
GENRE:	
COUNTRY:	PRICE:
GRADE:	
NOTES:	

CATALOG NO.:	PURCHASE DATE:
ALBUM:	YEAR:
ARTIST:	
LABEL:	
GENRE:	
COUNTRY:	PRICE:
GRADE:	
NOTES:	

CATALOG NO.:	PURCHASE DATE:
ALBUM:	YEAR:
ARTIST:	
LABEL:	
GENRE:	
COUNTRY:	PRICE:
GRADE:	
NOTES:	

CATALOG NO.:	PURCHASE DATE:
ALBUM:	**YEAR:**
ARTIST:	
LABEL:	
GENRE:	
COUNTRY:	**PRICE:**
GRADE:	
NOTES:	

CATALOG NO.:	PURCHASE DATE:
ALBUM:	**YEAR:**
ARTIST:	
LABEL:	
GENRE:	
COUNTRY:	**PRICE:**
GRADE:	
NOTES:	

CATALOG NO.:	PURCHASE DATE:
ALBUM:	**YEAR:**
ARTIST:	
LABEL:	
GENRE:	
COUNTRY:	**PRICE:**
GRADE:	
NOTES:	

CATALOG NO.: **PURCHASE DATE:**

ALBUM:	YEAR:
ARTIST:	
LABEL:	
GENRE:	
COUNTRY:	PRICE:
GRADE:	
NOTES:	

CATALOG NO.: **PURCHASE DATE:**

ALBUM:	YEAR:
ARTIST:	
LABEL:	
GENRE:	
COUNTRY:	PRICE:
GRADE:	
NOTES:	

CATALOG NO.: **PURCHASE DATE:**

ALBUM:	YEAR:
ARTIST:	
LABEL:	
GENRE:	
COUNTRY:	PRICE:
GRADE:	
NOTES:	

CATALOG NO.: **PURCHASE DATE:**

ALBUM:	YEAR:
ARTIST:	
LABEL:	
GENRE:	
COUNTRY:	PRICE:
GRADE:	
NOTES:	

CATALOG NO.: **PURCHASE DATE:**

ALBUM:	YEAR:
ARTIST:	
LABEL:	
GENRE:	
COUNTRY:	PRICE:
GRADE:	
NOTES:	

CATALOG NO.: **PURCHASE DATE:**

ALBUM:	YEAR:
ARTIST:	
LABEL:	
GENRE:	
COUNTRY:	PRICE:
GRADE:	
NOTES:	

CATALOG NO.:   **PURCHASE DATE:**

ALBUM:	YEAR:
ARTIST:	
LABEL:	
GENRE:	
COUNTRY:	PRICE:
GRADE:	
NOTES:	

CATALOG NO.:   **PURCHASE DATE:**

ALBUM:	YEAR:
ARTIST:	
LABEL:	
GENRE:	
COUNTRY:	PRICE:
GRADE:	
NOTES:	

CATALOG NO.:   **PURCHASE DATE:**

ALBUM:	YEAR:
ARTIST:	
LABEL:	
GENRE:	
COUNTRY:	PRICE:
GRADE:	
NOTES:	

CATALOG NO.:	PURCHASE DATE:
ALBUM:	**YEAR:**
ARTIST:	
LABEL:	
GENRE:	
COUNTRY:	**PRICE:**
GRADE:	
NOTES:	

CATALOG NO.:	PURCHASE DATE:
ALBUM:	**YEAR:**
ARTIST:	
LABEL:	
GENRE:	
COUNTRY:	**PRICE:**
GRADE:	
NOTES:	

CATALOG NO.:	PURCHASE DATE:
ALBUM:	**YEAR:**
ARTIST:	
LABEL:	
GENRE:	
COUNTRY:	**PRICE:**
GRADE:	
NOTES:	

CATALOG NO.:   **PURCHASE DATE:**

ALBUM:	YEAR:
ARTIST:	
LABEL:	
GENRE:	
COUNTRY:	PRICE:
GRADE:	
NOTES:	

CATALOG NO.:   **PURCHASE DATE:**

ALBUM:	YEAR:
ARTIST:	
LABEL:	
GENRE:	
COUNTRY:	PRICE:
GRADE:	
NOTES:	

CATALOG NO.:   **PURCHASE DATE:**

ALBUM:	YEAR:
ARTIST:	
LABEL:	
GENRE:	
COUNTRY:	PRICE:
GRADE:	
NOTES:	

CATALOG NO.:	PURCHASE DATE:
ALBUM:	YEAR:
ARTIST:	
LABEL:	
GENRE:	
COUNTRY:	PRICE:
GRADE:	
NOTES:	

CATALOG NO.:	PURCHASE DATE:
ALBUM:	YEAR:
ARTIST:	
LABEL:	
GENRE:	
COUNTRY:	PRICE:
GRADE:	
NOTES:	

CATALOG NO.:	PURCHASE DATE:
ALBUM:	YEAR:
ARTIST:	
LABEL:	
GENRE:	
COUNTRY:	PRICE:
GRADE:	
NOTES:	

CATALOG NO.:   **PURCHASE DATE:**

ALBUM:	**YEAR:**
ARTIST:	
LABEL:	
GENRE:	
COUNTRY:	**PRICE:**
GRADE:	
NOTES:	

CATALOG NO.:   **PURCHASE DATE:**

ALBUM:	**YEAR:**
ARTIST:	
LABEL:	
GENRE:	
COUNTRY:	**PRICE:**
GRADE:	
NOTES:	

CATALOG NO.:   **PURCHASE DATE:**

ALBUM:	**YEAR:**
ARTIST:	
LABEL:	
GENRE:	
COUNTRY:	**PRICE:**
GRADE:	
NOTES:	

CATALOG NO.:	PURCHASE DATE:
ALBUM:	**YEAR:**
ARTIST:	
LABEL:	
GENRE:	
COUNTRY:	**PRICE:**
GRADE:	
NOTES:	

CATALOG NO.:	PURCHASE DATE:
ALBUM:	**YEAR:**
ARTIST:	
LABEL:	
GENRE:	
COUNTRY:	**PRICE:**
GRADE:	
NOTES:	

CATALOG NO.:	PURCHASE DATE:
ALBUM:	**YEAR:**
ARTIST:	
LABEL:	
GENRE:	
COUNTRY:	**PRICE:**
GRADE:	
NOTES:	

CATALOG NO.:   **PURCHASE DATE:**

ALBUM:	**YEAR:**
ARTIST:	
LABEL:	
GENRE:	
COUNTRY:	**PRICE:**
GRADE:	
NOTES:	

CATALOG NO.:   **PURCHASE DATE:**

ALBUM:	**YEAR:**
ARTIST:	
LABEL:	
GENRE:	
COUNTRY:	**PRICE:**
GRADE:	
NOTES:	

CATALOG NO.:   **PURCHASE DATE:**

ALBUM:	**YEAR:**
ARTIST:	
LABEL:	
GENRE:	
COUNTRY:	**PRICE:**
GRADE:	
NOTES:	

CATALOG NO.:	PURCHASE DATE:
ALBUM:	**YEAR:**
ARTIST:	
LABEL:	
GENRE:	
COUNTRY:	**PRICE:**
GRADE:	
NOTES:	

CATALOG NO.:	PURCHASE DATE:
ALBUM:	**YEAR:**
ARTIST:	
LABEL:	
GENRE:	
COUNTRY:	**PRICE:**
GRADE:	
NOTES:	

CATALOG NO.:	PURCHASE DATE:
ALBUM:	**YEAR:**
ARTIST:	
LABEL:	
GENRE:	
COUNTRY:	**PRICE:**
GRADE:	
NOTES:	

CATALOG NO.:   **PURCHASE DATE:**

ALBUM:	YEAR:
ARTIST:	
LABEL:	
GENRE:	
COUNTRY:	PRICE:
GRADE:	
NOTES:	

CATALOG NO.:   **PURCHASE DATE:**

ALBUM:	YEAR:
ARTIST:	
LABEL:	
GENRE:	
COUNTRY:	PRICE:
GRADE:	
NOTES:	

CATALOG NO.:   **PURCHASE DATE:**

ALBUM:	YEAR:
ARTIST:	
LABEL:	
GENRE:	
COUNTRY:	PRICE:
GRADE:	
NOTES:	

CATALOG NO.: **PURCHASE DATE:**

ALBUM:	YEAR:
ARTIST:	
LABEL:	
GENRE:	
COUNTRY:	PRICE:
GRADE:	
NOTES:	

CATALOG NO.: **PURCHASE DATE:**

ALBUM:	YEAR:
ARTIST:	
LABEL:	
GENRE:	
COUNTRY:	PRICE:
GRADE:	
NOTES:	

CATALOG NO.: **PURCHASE DATE:**

ALBUM:	YEAR:
ARTIST:	
LABEL:	
GENRE:	
COUNTRY:	PRICE:
GRADE:	
NOTES:	

CATALOG NO.:   **PURCHASE DATE:**

ALBUM:	YEAR:
ARTIST:	
LABEL:	
GENRE:	
COUNTRY:	PRICE:
GRADE:	
NOTES:	

CATALOG NO.:   **PURCHASE DATE:**

ALBUM:	YEAR:
ARTIST:	
LABEL:	
GENRE:	
COUNTRY:	PRICE:
GRADE:	
NOTES:	

CATALOG NO.:   **PURCHASE DATE:**

ALBUM:	YEAR:
ARTIST:	
LABEL:	
GENRE:	
COUNTRY:	PRICE:
GRADE:	
NOTES:	

CATALOG NO.:	PURCHASE DATE:
ALBUM:	**YEAR:**
ARTIST:	
LABEL:	
GENRE:	
COUNTRY:	**PRICE:**
GRADE:	
NOTES:	

CATALOG NO.:	PURCHASE DATE:
ALBUM:	**YEAR:**
ARTIST:	
LABEL:	
GENRE:	
COUNTRY:	**PRICE:**
GRADE:	
NOTES:	

CATALOG NO.:	PURCHASE DATE:
ALBUM:	**YEAR:**
ARTIST:	
LABEL:	
GENRE:	
COUNTRY:	**PRICE:**
GRADE:	
NOTES:	

CATALOG NO.:	PURCHASE DATE:
ALBUM:	YEAR:
ARTIST:	
LABEL:	
GENRE:	
COUNTRY:	PRICE:
GRADE:	
NOTES:	

CATALOG NO.:	PURCHASE DATE:
ALBUM:	YEAR:
ARTIST:	
LABEL:	
GENRE:	
COUNTRY:	PRICE:
GRADE:	
NOTES:	

CATALOG NO.:	PURCHASE DATE:
ALBUM:	YEAR:
ARTIST:	
LABEL:	
GENRE:	
COUNTRY:	PRICE:
GRADE:	
NOTES:	

CATALOG NO.:	PURCHASE DATE:
ALBUM:	**YEAR:**
ARTIST:	
LABEL:	
GENRE:	
COUNTRY:	**PRICE:**
GRADE:	
NOTES:	

CATALOG NO.:	PURCHASE DATE:
ALBUM:	**YEAR:**
ARTIST:	
LABEL:	
GENRE:	
COUNTRY:	**PRICE:**
GRADE:	
NOTES:	

CATALOG NO.:	PURCHASE DATE:
ALBUM:	**YEAR:**
ARTIST:	
LABEL:	
GENRE:	
COUNTRY:	**PRICE:**
GRADE:	
NOTES:	

CATALOG NO.:	PURCHASE DATE:
ALBUM:	YEAR:
ARTIST:	
LABEL:	
GENRE:	
COUNTRY:	PRICE:
GRADE:	
NOTES:	

CATALOG NO.:	PURCHASE DATE:
ALBUM:	YEAR:
ARTIST:	
LABEL:	
GENRE:	
COUNTRY:	PRICE:
GRADE:	
NOTES:	

CATALOG NO.:	PURCHASE DATE:
ALBUM:	YEAR:
ARTIST:	
LABEL:	
GENRE:	
COUNTRY:	PRICE:
GRADE:	
NOTES:	

CATALOG NO.:	PURCHASE DATE:
ALBUM:	**YEAR:**
ARTIST:	
LABEL:	
GENRE:	
COUNTRY:	**PRICE:**
GRADE:	
NOTES:	

CATALOG NO.:	PURCHASE DATE:
ALBUM:	**YEAR:**
ARTIST:	
LABEL:	
GENRE:	
COUNTRY:	**PRICE:**
GRADE:	
NOTES:	

CATALOG NO.:	PURCHASE DATE:
ALBUM:	**YEAR:**
ARTIST:	
LABEL:	
GENRE:	
COUNTRY:	**PRICE:**
GRADE:	
NOTES:	

CATALOG NO.:	PURCHASE DATE:
ALBUM:	YEAR:
ARTIST:	
LABEL:	
GENRE:	
COUNTRY:	PRICE:
GRADE:	
NOTES:	

CATALOG NO.:	PURCHASE DATE:
ALBUM:	YEAR:
ARTIST:	
LABEL:	
GENRE:	
COUNTRY:	PRICE:
GRADE:	
NOTES:	

CATALOG NO.:	PURCHASE DATE:
ALBUM:	YEAR:
ARTIST:	
LABEL:	
GENRE:	
COUNTRY:	PRICE:
GRADE:	
NOTES:	

CATALOG NO.:   **PURCHASE DATE:**

ALBUM:	**YEAR:**
ARTIST:	
LABEL:	
GENRE:	
COUNTRY:	**PRICE:**
GRADE:	
NOTES:	

CATALOG NO.:   **PURCHASE DATE:**

ALBUM:	**YEAR:**
ARTIST:	
LABEL:	
GENRE:	
COUNTRY:	**PRICE:**
GRADE:	
NOTES:	

CATALOG NO.:   **PURCHASE DATE:**

ALBUM:	**YEAR:**
ARTIST:	
LABEL:	
GENRE:	
COUNTRY:	**PRICE:**
GRADE:	
NOTES:	

CATALOG NO.:   **PURCHASE DATE:**

ALBUM:	**YEAR:**
ARTIST:	
LABEL:	
GENRE:	
COUNTRY:	**PRICE:**
GRADE:	
NOTES:	

CATALOG NO.:   **PURCHASE DATE:**

ALBUM:	**YEAR:**
ARTIST:	
LABEL:	
GENRE:	
COUNTRY:	**PRICE:**
GRADE:	
NOTES:	

CATALOG NO.:   **PURCHASE DATE:**

ALBUM:	**YEAR:**
ARTIST:	
LABEL:	
GENRE:	
COUNTRY:	**PRICE:**
GRADE:	
NOTES:	

CATALOG NO.:	PURCHASE DATE:
ALBUM:	YEAR:
ARTIST:	
LABEL:	
GENRE:	
COUNTRY:	PRICE:
GRADE:	
NOTES:	

CATALOG NO.:	PURCHASE DATE:
ALBUM:	YEAR:
ARTIST:	
LABEL:	
GENRE:	
COUNTRY:	PRICE:
GRADE:	
NOTES:	

CATALOG NO.:	PURCHASE DATE:
ALBUM:	YEAR:
ARTIST:	
LABEL:	
GENRE:	
COUNTRY:	PRICE:
GRADE:	
NOTES:	

CATALOG NO.:   **PURCHASE DATE:**

ALBUM:	**YEAR:**
ARTIST:	
LABEL:	
GENRE:	
COUNTRY:	**PRICE:**
GRADE:	
NOTES:	

CATALOG NO.:   **PURCHASE DATE:**

ALBUM:	**YEAR:**
ARTIST:	
LABEL:	
GENRE:	
COUNTRY:	**PRICE:**
GRADE:	
NOTES:	

CATALOG NO.:   **PURCHASE DATE:**

ALBUM:	**YEAR:**
ARTIST:	
LABEL:	
GENRE:	
COUNTRY:	**PRICE:**
GRADE:	
NOTES:	

CATALOG NO.:	PURCHASE DATE:
ALBUM:	**YEAR:**
ARTIST:	
LABEL:	
GENRE:	
COUNTRY:	**PRICE:**
GRADE:	
NOTES:	

CATALOG NO.:	PURCHASE DATE:
ALBUM:	**YEAR:**
ARTIST:	
LABEL:	
GENRE:	
COUNTRY:	**PRICE:**
GRADE:	
NOTES:	

CATALOG NO.:	PURCHASE DATE:
ALBUM:	**YEAR:**
ARTIST:	
LABEL:	
GENRE:	
COUNTRY:	**PRICE:**
GRADE:	
NOTES:	

CATALOG NO.: **PURCHASE DATE:**

ALBUM:	YEAR:
ARTIST:	
LABEL:	
GENRE:	
COUNTRY:	PRICE:
GRADE:	
NOTES:	

CATALOG NO.: **PURCHASE DATE:**

ALBUM:	YEAR:
ARTIST:	
LABEL:	
GENRE:	
COUNTRY:	PRICE:
GRADE:	
NOTES:	

CATALOG NO.: **PURCHASE DATE:**

ALBUM:	YEAR:
ARTIST:	
LABEL:	
GENRE:	
COUNTRY:	PRICE:
GRADE:	
NOTES:	

CATALOG NO.:   **PURCHASE DATE:**

ALBUM:	**YEAR:**
ARTIST:	
LABEL:	
GENRE:	
COUNTRY:	**PRICE:**
GRADE:	
NOTES:	

CATALOG NO.:   **PURCHASE DATE:**

ALBUM:	**YEAR:**
ARTIST:	
LABEL:	
GENRE:	
COUNTRY:	**PRICE:**
GRADE:	
NOTES:	

CATALOG NO.:   **PURCHASE DATE:**

ALBUM:	**YEAR:**
ARTIST:	
LABEL:	
GENRE:	
COUNTRY:	**PRICE:**
GRADE:	
NOTES:	

CATALOG NO.:	PURCHASE DATE:
ALBUM:	YEAR:
ARTIST:	
LABEL:	
GENRE:	
COUNTRY:	PRICE:
GRADE:	
NOTES:	

CATALOG NO.:	PURCHASE DATE:
ALBUM:	YEAR:
ARTIST:	
LABEL:	
GENRE:	
COUNTRY:	PRICE:
GRADE:	
NOTES:	

CATALOG NO.:	PURCHASE DATE:
ALBUM:	YEAR:
ARTIST:	
LABEL:	
GENRE:	
COUNTRY:	PRICE:
GRADE:	
NOTES:	

CATALOG NO.:	PURCHASE DATE:
ALBUM:	**YEAR:**
ARTIST:	
LABEL:	
GENRE:	
COUNTRY:	**PRICE:**
GRADE:	
NOTES:	

CATALOG NO.:	PURCHASE DATE:
ALBUM:	**YEAR:**
ARTIST:	
LABEL:	
GENRE:	
COUNTRY:	**PRICE:**
GRADE:	
NOTES:	

CATALOG NO.:	PURCHASE DATE:
ALBUM:	**YEAR:**
ARTIST:	
LABEL:	
GENRE:	
COUNTRY:	**PRICE:**
GRADE:	
NOTES:	

CATALOG NO.:   PURCHASE DATE:

ALBUM:	YEAR:
ARTIST:	
LABEL:	
GENRE:	
COUNTRY:	PRICE:
GRADE:	
NOTES:	

CATALOG NO.:   PURCHASE DATE:

ALBUM:	YEAR:
ARTIST:	
LABEL:	
GENRE:	
COUNTRY:	PRICE:
GRADE:	
NOTES:	

CATALOG NO.:   PURCHASE DATE:

ALBUM:	YEAR:
ARTIST:	
LABEL:	
GENRE:	
COUNTRY:	PRICE:
GRADE:	
NOTES:	

CATALOG NO.:   **PURCHASE DATE:**

ALBUM:	**YEAR:**
ARTIST:	
LABEL:	
GENRE:	
COUNTRY:	**PRICE:**
GRADE:	
NOTES:	

CATALOG NO.:   **PURCHASE DATE:**

ALBUM:	**YEAR:**
ARTIST:	
LABEL:	
GENRE:	
COUNTRY:	**PRICE:**
GRADE:	
NOTES:	

CATALOG NO.:   **PURCHASE DATE:**

ALBUM:	**YEAR:**
ARTIST:	
LABEL:	
GENRE:	
COUNTRY:	**PRICE:**
GRADE:	
NOTES:	

CATALOG NO.:	PURCHASE DATE:
ALBUM:	YEAR:
ARTIST:	
LABEL:	
GENRE:	
COUNTRY:	PRICE:
GRADE:	
NOTES:	

CATALOG NO.:	PURCHASE DATE:
ALBUM:	YEAR:
ARTIST:	
LABEL:	
GENRE:	
COUNTRY:	PRICE:
GRADE:	
NOTES:	

CATALOG NO.:	PURCHASE DATE:
ALBUM:	YEAR:
ARTIST:	
LABEL:	
GENRE:	
COUNTRY:	PRICE:
GRADE:	
NOTES:	

CATALOG NO.:	PURCHASE DATE:
ALBUM:	**YEAR:**
ARTIST:	
LABEL:	
GENRE:	
COUNTRY:	**PRICE:**
GRADE:	
NOTES:	

CATALOG NO.:	PURCHASE DATE:
ALBUM:	**YEAR:**
ARTIST:	
LABEL:	
GENRE:	
COUNTRY:	**PRICE:**
GRADE:	
NOTES:	

CATALOG NO.:	PURCHASE DATE:
ALBUM:	**YEAR:**
ARTIST:	
LABEL:	
GENRE:	
COUNTRY:	**PRICE:**
GRADE:	
NOTES:	

CATALOG NO.:	PURCHASE DATE:
ALBUM:	YEAR:
ARTIST:	
LABEL:	
GENRE:	
COUNTRY:	PRICE:
GRADE:	
NOTES:	

CATALOG NO.:	PURCHASE DATE:
ALBUM:	YEAR:
ARTIST:	
LABEL:	
GENRE:	
COUNTRY:	PRICE:
GRADE:	
NOTES:	

CATALOG NO.:	PURCHASE DATE:
ALBUM:	YEAR:
ARTIST:	
LABEL:	
GENRE:	
COUNTRY:	PRICE:
GRADE:	
NOTES:	

CATALOG NO.:	PURCHASE DATE:
ALBUM:	**YEAR:**
ARTIST:	
LABEL:	
GENRE:	
COUNTRY:	**PRICE:**
GRADE:	
NOTES:	

CATALOG NO.:	PURCHASE DATE:
ALBUM:	**YEAR:**
ARTIST:	
LABEL:	
GENRE:	
COUNTRY:	**PRICE:**
GRADE:	
NOTES:	

CATALOG NO.:	PURCHASE DATE:
ALBUM:	**YEAR:**
ARTIST:	
LABEL:	
GENRE:	
COUNTRY:	**PRICE:**
GRADE:	
NOTES:	

CATALOG NO.:	PURCHASE DATE:
ALBUM:	**YEAR:**
ARTIST:	
LABEL:	
GENRE:	
COUNTRY:	**PRICE:**
GRADE:	
NOTES:	

CATALOG NO.:	PURCHASE DATE:
ALBUM:	**YEAR:**
ARTIST:	
LABEL:	
GENRE:	
COUNTRY:	**PRICE:**
GRADE:	
NOTES:	

CATALOG NO.:	PURCHASE DATE:
ALBUM:	**YEAR:**
ARTIST:	
LABEL:	
GENRE:	
COUNTRY:	**PRICE:**
GRADE:	
NOTES:	

CATALOG NO.: **PURCHASE DATE:**

ALBUM:	YEAR:
ARTIST:	
LABEL:	
GENRE:	
COUNTRY:	PRICE:
GRADE:	
NOTES:	

CATALOG NO.: **PURCHASE DATE:**

ALBUM:	YEAR:
ARTIST:	
LABEL:	
GENRE:	
COUNTRY:	PRICE:
GRADE:	
NOTES:	

CATALOG NO.: **PURCHASE DATE:**

ALBUM:	YEAR:
ARTIST:	
LABEL:	
GENRE:	
COUNTRY:	PRICE:
GRADE:	
NOTES:	

CATALOG NO.: **PURCHASE DATE:**

ALBUM:	YEAR:
ARTIST:	
LABEL:	
GENRE:	
COUNTRY:	PRICE:
GRADE:	
NOTES:	

CATALOG NO.: **PURCHASE DATE:**

ALBUM:	YEAR:
ARTIST:	
LABEL:	
GENRE:	
COUNTRY:	PRICE:
GRADE:	
NOTES:	

CATALOG NO.: **PURCHASE DATE:**

ALBUM:	YEAR:
ARTIST:	
LABEL:	
GENRE:	
COUNTRY:	PRICE:
GRADE:	
NOTES:	

CATALOG NO.:   **PURCHASE DATE:**

ALBUM:	**YEAR:**
ARTIST:	
LABEL:	
GENRE:	
COUNTRY:	**PRICE:**
GRADE:	
NOTES:	

CATALOG NO.:   **PURCHASE DATE:**

ALBUM:	**YEAR:**
ARTIST:	
LABEL:	
GENRE:	
COUNTRY:	**PRICE:**
GRADE:	
NOTES:	

CATALOG NO.:   **PURCHASE DATE:**

ALBUM:	**YEAR:**
ARTIST:	
LABEL:	
GENRE:	
COUNTRY:	**PRICE:**
GRADE:	
NOTES:	

CATALOG NO.:	PURCHASE DATE:
ALBUM:	**YEAR:**
ARTIST:	
LABEL:	
GENRE:	
COUNTRY:	**PRICE:**
GRADE:	
NOTES:	

CATALOG NO.:	PURCHASE DATE:
ALBUM:	**YEAR:**
ARTIST:	
LABEL:	
GENRE:	
COUNTRY:	**PRICE:**
GRADE:	
NOTES:	

CATALOG NO.:	PURCHASE DATE:
ALBUM:	**YEAR:**
ARTIST:	
LABEL:	
GENRE:	
COUNTRY:	**PRICE:**
GRADE:	
NOTES:	

CATALOG NO.:   **PURCHASE DATE:**

ALBUM:	**YEAR:**
ARTIST:	
LABEL:	
GENRE:	
COUNTRY:	**PRICE:**
GRADE:	
NOTES:	

CATALOG NO.:   **PURCHASE DATE:**

ALBUM:	**YEAR:**
ARTIST:	
LABEL:	
GENRE:	
COUNTRY:	**PRICE:**
GRADE:	
NOTES:	

CATALOG NO.:   **PURCHASE DATE:**

ALBUM:	**YEAR:**
ARTIST:	
LABEL:	
GENRE:	
COUNTRY:	**PRICE:**
GRADE:	
NOTES:	

CATALOG NO.:	PURCHASE DATE:
ALBUM:	**YEAR:**
ARTIST:	
LABEL:	
GENRE:	
COUNTRY:	**PRICE:**
GRADE:	
NOTES:	

CATALOG NO.:	PURCHASE DATE:
ALBUM:	**YEAR:**
ARTIST:	
LABEL:	
GENRE:	
COUNTRY:	**PRICE:**
GRADE:	
NOTES:	

CATALOG NO.:	PURCHASE DATE:
ALBUM:	**YEAR:**
ARTIST:	
LABEL:	
GENRE:	
COUNTRY:	**PRICE:**
GRADE:	
NOTES:	

CATALOG NO.:	PURCHASE DATE:
ALBUM:	**YEAR:**
ARTIST:	
LABEL:	
GENRE:	
COUNTRY:	**PRICE:**
GRADE:	
NOTES:	

CATALOG NO.:	PURCHASE DATE:
ALBUM:	**YEAR:**
ARTIST:	
LABEL:	
GENRE:	
COUNTRY:	**PRICE:**
GRADE:	
NOTES:	

CATALOG NO.:	PURCHASE DATE:
ALBUM:	**YEAR:**
ARTIST:	
LABEL:	
GENRE:	
COUNTRY:	**PRICE:**
GRADE:	
NOTES:	

CATALOG NO.:   **PURCHASE DATE:**

ALBUM:	**YEAR:**
ARTIST:	
LABEL:	
GENRE:	
COUNTRY:	**PRICE:**
GRADE:	
NOTES:	

CATALOG NO.:   **PURCHASE DATE:**

ALBUM:	**YEAR:**
ARTIST:	
LABEL:	
GENRE:	
COUNTRY:	**PRICE:**
GRADE:	
NOTES:	

CATALOG NO.:   **PURCHASE DATE:**

ALBUM:	**YEAR:**
ARTIST:	
LABEL:	
GENRE:	
COUNTRY:	**PRICE:**
GRADE:	
NOTES:	

CATALOG NO.:	PURCHASE DATE:
ALBUM:	**YEAR:**
ARTIST:	
LABEL:	
GENRE:	
COUNTRY:	**PRICE:**
GRADE:	
NOTES:	

CATALOG NO.:	PURCHASE DATE:
ALBUM:	**YEAR:**
ARTIST:	
LABEL:	
GENRE:	
COUNTRY:	**PRICE:**
GRADE:	
NOTES:	

CATALOG NO.:	PURCHASE DATE:
ALBUM:	**YEAR:**
ARTIST:	
LABEL:	
GENRE:	
COUNTRY:	**PRICE:**
GRADE:	
NOTES:	

CATALOG NO.:   **PURCHASE DATE:**

ALBUM:	**YEAR:**
ARTIST:	
LABEL:	
GENRE:	
COUNTRY:	**PRICE:**
GRADE:	
NOTES:	

CATALOG NO.:   **PURCHASE DATE:**

ALBUM:	**YEAR:**
ARTIST:	
LABEL:	
GENRE:	
COUNTRY:	**PRICE:**
GRADE:	
NOTES:	

CATALOG NO.:   **PURCHASE DATE:**

ALBUM:	**YEAR:**
ARTIST:	
LABEL:	
GENRE:	
COUNTRY:	**PRICE:**
GRADE:	
NOTES:	

CATALOG NO.:	PURCHASE DATE:
ALBUM:	YEAR:
ARTIST:	
LABEL:	
GENRE:	
COUNTRY:	PRICE:
GRADE:	
NOTES:	

CATALOG NO.:	PURCHASE DATE:
ALBUM:	YEAR:
ARTIST:	
LABEL:	
GENRE:	
COUNTRY:	PRICE:
GRADE:	
NOTES:	

CATALOG NO.:	PURCHASE DATE:
ALBUM:	YEAR:
ARTIST:	
LABEL:	
GENRE:	
COUNTRY:	PRICE:
GRADE:	
NOTES:	

CATALOG NO.:	PURCHASE DATE:
ALBUM:	**YEAR:**
ARTIST:	
LABEL:	
GENRE:	
COUNTRY:	**PRICE:**
GRADE:	
NOTES:	

CATALOG NO.:	PURCHASE DATE:
ALBUM:	**YEAR:**
ARTIST:	
LABEL:	
GENRE:	
COUNTRY:	**PRICE:**
GRADE:	
NOTES:	

CATALOG NO.:	PURCHASE DATE:
ALBUM:	**YEAR:**
ARTIST:	
LABEL:	
GENRE:	
COUNTRY:	**PRICE:**
GRADE:	
NOTES:	

CATALOG NO.:   **PURCHASE DATE:**

ALBUM:	YEAR:
ARTIST:	
LABEL:	
GENRE:	
COUNTRY:	PRICE:
GRADE:	
NOTES:	

CATALOG NO.:   **PURCHASE DATE:**

ALBUM:	YEAR:
ARTIST:	
LABEL:	
GENRE:	
COUNTRY:	PRICE:
GRADE:	
NOTES:	

CATALOG NO.:   **PURCHASE DATE:**

ALBUM:	YEAR:
ARTIST:	
LABEL:	
GENRE:	
COUNTRY:	PRICE:
GRADE:	
NOTES:	

CATALOG NO.:	PURCHASE DATE:
ALBUM:	**YEAR:**
ARTIST:	
LABEL:	
GENRE:	
COUNTRY:	**PRICE:**
GRADE:	
NOTES:	

CATALOG NO.:	PURCHASE DATE:
ALBUM:	**YEAR:**
ARTIST:	
LABEL:	
GENRE:	
COUNTRY:	**PRICE:**
GRADE:	
NOTES:	

CATALOG NO.:	PURCHASE DATE:
ALBUM:	**YEAR:**
ARTIST:	
LABEL:	
GENRE:	
COUNTRY:	**PRICE:**
GRADE:	
NOTES:	

CATALOG NO.:	PURCHASE DATE:
ALBUM:	YEAR:
ARTIST:	
LABEL:	
GENRE:	
COUNTRY:	PRICE:
GRADE:	
NOTES:	

CATALOG NO.:	PURCHASE DATE:
ALBUM:	YEAR:
ARTIST:	
LABEL:	
GENRE:	
COUNTRY:	PRICE:
GRADE:	
NOTES:	

CATALOG NO.:	PURCHASE DATE:
ALBUM:	YEAR:
ARTIST:	
LABEL:	
GENRE:	
COUNTRY:	PRICE:
GRADE:	
NOTES:	

CATALOG NO.:	PURCHASE DATE:
ALBUM:	**YEAR:**
ARTIST:	
LABEL:	
GENRE:	
COUNTRY:	**PRICE:**
GRADE:	
NOTES:	

CATALOG NO.:	PURCHASE DATE:
ALBUM:	**YEAR:**
ARTIST:	
LABEL:	
GENRE:	
COUNTRY:	**PRICE:**
GRADE:	
NOTES:	

CATALOG NO.:	PURCHASE DATE:
ALBUM:	**YEAR:**
ARTIST:	
LABEL:	
GENRE:	
COUNTRY:	**PRICE:**
GRADE:	
NOTES:	